Lustige Mitmachspiele für die Kita

BRIGITTE VOM WEGE & MECHTHILD WESSEL

Lustige Mitmachspiele für die Kita

Mit Illustrationen von Katja Jäger

HERDER

FREIBURG · BASEL · WIEN

Bei einigen Texten und Gedichten war es trotz gründlicher Recherchen nicht möglich, die Inhaber der Rechte ausfindig zu machen. Honoraransprüche bleiben bestehen.

www.herder.de

Umschlag- und Textillustrationen: Katja Jäger, Moers
Gesamtgestaltung und Satz: Sabine Ufer, Leipzig

Herstellung: Drogowiec-PL Sp. z o.o.
Printed in Poland

ISBN 978-3-451-38437-0

Vorwort

Spielen ist das Wichtigste im Leben eines Kindes!

Im Spiel setzt sich das Kind mit seiner Umwelt auseinander. Es erfährt seine körperlichen Fähigkeiten und erprobt Bewegungsabläufe. Es erwirbt sprachliche Fähigkeiten, entwickelt Kreativität und Fantasie, zeigt seine Gefühle und nimmt Kontakt zu anderen Menschen auf.
All diese Fähigkeiten kann das Kind nur in einer harmonischen Spielatmosphäre entfalten. Dazu braucht es Raum und Zeit, aber auch erwachsene und spielbegeisterte Partner und Partnerinnen, die das Spiel des Kindes unterstützen und ihm vielfältige Spielmöglichkeiten und Spielformen anbieten.
Aus diesem Grund haben wir in diesem Buch Kennenlernspiele, Bewegungsspiele, Rollenspiele und Sinnesspiele für Kinder zwischen 2 und 6 Jahren zusammengestellt, bei denen der Spielspaß im Vordergrund steht. Alle Spielanregungen können als Solo-, Partner- oder Gruppenspiele in verschiedene Alltagssituationen eingebunden werden.

Kennenlernspiele

Die Spiele zum Thema „Kennenlernen" erleichtern den Kindern die Kontaktaufnahme und geben Orientierung – besonders für neue Kinder in der Gruppe oder zu Beginn eines Spielkreises. Sie ermöglichen neue Sozialkontakte und setzen wertvolle Gruppenprozesse in Gang. Kontakt- und Kennenlernspiele sollen die spielenden Kinder außerdem auflockern, aufwärmen und zum Abbau von Hemmungen und Ängsten beitragen.

Bewegungsspiele

Grobmotorische Bewegungsformen wie Laufen, Hüpfen, Tanzen, Balancieren usw. stärken das Selbstbewusstsein, verbessern die Koordinationsfähigkeit und fördern die körperliche wie geistige Entwicklung. Bewegungsspiele kommen nicht nur der elementaren Bewegungsfreude und dem Bewegungsbedürfnis des Kindes sehr entgegen. In der Spielgemeinschaft mit anderen lernen Kinder auch, Regeln einzuhalten, eigene Wünsche zu äußern und durchzusetzen, Kompromisse zu schließen sowie eigene und fremde Gefühle zu erfassen.
Bewegungsreiche Spiele mit starkem Wettbewerbscharakter oder Ausscheidungsregeln eignen sich für Kinder unter 6 Jahren eher nicht. Stattdessen sollten Spiele mit hohem Kooperationsanteil bevorzugt werden, denn der Spaß an der Bewegung und das Miteinander machen allen Spaß – nicht nur den Siegern und Siegerinnen.

Rollenspiele

Rollenspiele sind in ihren Erscheinungsformen sehr vielfältig: Sie reichen vom Theaterspiel, das vor Publikum aufgeführt wird, bis zum „Vater-Mutter-Kind-Spiel". Bei den hier vorgestellten Rollenspielen werden die meist körperlich umgesetzten Rollen von rhythmisch gesprochenen Versen oder Liedern begleitet.
Fingerspiele, Kreis- und Liedspiele sowie Mitmachgeschichten lassen sich dabei für die Entwicklung kindlicher Vorstellungsfähigkeit und Fantasie gleichermaßen nutzen und fördern. Insbesondere Kindergartenkinder können in dieser Quasi-Realität des Rollenspiels Verhaltensweisen und Rollen ausprobieren, die sie im Alltag nur selten oder nie innehaben.

Sinnesspiele

Sinnesspiele sind sensorische Spiele, bei denen die Kinder nach bestimmten Regeln Dinge wahrnehmen und sich merken, die sie zuvor gesehen, gehört, gerochen, geschmeckt, getastet oder/und gefühlt haben. Sie sensibilisieren die Sinnesorgane Haut, Ohr, Auge, Nase und Zunge, sie fördern das Gedächtnis (Merkfähigkeit, Erinnerungsvermögen, Begriffsbildung) und steigern die Eigen- wie Fremdwahrnehmung.
Als Einzel-, Partner- oder Gruppenspiele finden sie in der Kitapraxis ihre Anwendung in Form von Stille- und Konzentrationsübungen oder als Motivation zum Themeneinstieg, bei Spielketten und Spielfesten (z. B. Kindergeburtstag). Kooperative Sinnesspiele regen an und erhalten die Spielfreude, wenn für Abwechslung bei den Sinneseindrücken und Spielerlebnissen gesorgt wird.

Wir möchten Sie einladen, aus diesem reichen Potpourri an lustigen Mitmachspielen zu schöpfen. Erleben Sie gemeinsam mit den Kindern alte Spiele wieder und probieren neue Spiele aus!

Viel Spaß beim Mitmachen
wünschen Ihnen
Brigitte vom Wege & Mechthild Wessel

Inhalt

Kennenlernspiele

Bewegungsspiele

Rollenspiele

Sinnesspiele

Kennenlern-Spiele

Hallo! Hallo, schön, dass ihr da seid

Gruppenspiel ab 3 Jahre

Spielbeschreibung: Alle stehen im Kreis und singen. Bei *„die Hacken und die Spitzen"* versuchen alle Kinder sich auf die Fersen bzw. auf die Fußspitzen zu stellen, um dann auf den Fersen bzw. Fußspitzen zu gehen. Nach dem Lied werden in einem Sprechgesang die Namen von vier anwesenden Kindern aufgezählt, z.B.: *„Die **Anna** ist da, **Levente** ist da, **Isabell** ist da und der **Max** ist da!"* Anschließend beginnt das Lied von vorn.

Text und Melodie: überliefert

Klingelingeling, die Post ist da

Gruppenspiel ab 3 Jahre

Material: Klingel

Spielbeschreibung: Die Kinder stehen oder sitzen im Kreis und singen zusammen das Lied. Währenddessen geht ein Kind als Postbote oder Postbotin (evtl. mit einer kleinen Klingel) herum und tippt ein Kind an, das ihm dann folgt usw. So geht es im Kreis herum, bis alle Kinder hinter dem ersten Kind hergehen!

Text und Melodie: überliefert

Wir gehen jetzt im Kreise

Gruppenspiel ab 3 Jahre

Spielbeschreibung: Alle Kinder bilden einen Kreis und singen nach einer einfachen Leiermelodie. Das im Lied genannte Kind macht eine Bewegung vor, die von den anderen nachgeahmt wird. In der nächsten Spielrunde wird ein anderes Kind benannt, das wieder eine Bewegung vormacht usw.

Wir gehen jetzt im Kreise und machen eine Reise.
*Und die **Ebru** zeigt uns dann, was man dabei machen kann.*

Rote Äpfel ess ich gern

Gruppenspiel ab 4 Jahre

Spielbeschreibung: Die Kinder fassen sich an den Händen und gehen singend im Kreis. Ein Kind geht in entgegengesetzter Laufrichtung um den Kreis herum. *„Pflück eins und zwei…"* wird rhythmisch gesprochen, während das Kind außen vier Kinder antippt, die ihm dann in der nächsten Spielrunde folgen.

Text: Autorinnen, Melodie: überliefert

2. Seht den großen Apfelbaum,
hier in unserm Garten.
Hängen rote Äpfel dran,
wolln nicht länger warten.

Pflück eins und zwei und drei und vier –
nur diese Äpfel wollen wir.

Ein Elefant wollt bummeln gehn

Gruppenspiel ab 3 Jahre

Spielbeschreibung: Die Kinder bilden einen Kreis und singen. Der Elefant (linke Hand an die Nase, rechter, gestreckter Arm durch die linke Armbeuge) geht um den Kreis herum und bleibt bei einem Kind stehen, das mit ihm weitergeht. In jeder Spielrunde sucht sich jeder Elefant ein neues Kind aus, sodass sich jeweils die Anzahl der Elefanten verdoppelt. Zum Schluss, wenn alle Elefanten geworden sind, singen sie den zusätzlichen Reim und drehen sich dabei im Kreis.

Text: Ulrich Kabitz (Dt. Text und Spielfassung), Musik: aus Amerika

2. Zwei Elefanten wollen bummeln gehn,
sich die weite Welt besehn.
Langsam setzen sie Fuß vor Fuß,
denn sie sind kein Omnibus.
Bald sind sie nicht mehr allein,
andre trampeln hinterdrein.
...
Und schon tanzt das ganze Land
diesen Tanz vom Elefant.

Guten Morgen

Gruppenspiel ab 4 Jahre

Spielbeschreibung: Die Kinder stehen oder sitzen im Kreis. Sie singen gemeinsam das Lied und rhythmisieren den Text durch passende Bewegungen.

Text und Melodie: überliefert

Guten Morgen, guten Morgen, ein neuer Tag beginnt.	*Im Wechsel rechts und links auf die Oberschenkel patschen, am Schluss 2-mal klatschen*
Guten Morgen, guten Morgen, wenn wir zusammen sind.	*Im Wechsel rechts und links auf die Oberschenkel patschen, am Schluss 2-mal klatschen*
Ob Regen oder Sonnenschein,	*Finger bewegen sich von oben nach unten* (Regen), *Arme nach oben strecken und Hände über Kreuz nehmen* (Sonnenschein)
wir wollen heut zusammen sein,	*An den Händen fassen*
egal ob's draußen schneit,	*Abweisende Handbewegung – 2-mal klatschen,*
heut ist wieder Kitazeit.	*Auf eine imaginäre Armbanduhr tippen – 2-mal klatschen.*
Guten Morgen, guten Morgen, ein neuer Tag beginnt.	*Im Wechsel rechts und links auf die Oberschenkel patschen, am Schluss 2-mal klatschen*

Dreh dich, kleiner Kreisel

Gruppenspiel ab 3 Jahre

Spielbeschreibung: Alle sitzen im Kreis und singen. Ein Kind steht mit ausgestrecktem Arm und Zeigefinger in der Kreismitte. Es dreht sich um die eigene Achse. Ältere Kinder können auch versuchen sich zu drehen, während sie auf einem Bein hüpfen.
Vor dem Ende des Lieds bleibt das Kind stehen, zeigt auf ein anderes und alle singen: *„Und wie heißt du?“* Dieses Kind nennt seinen Namen und kommt dann in die Kreismitte, während sich das erste Kreiselkind wieder an seinen Platz setzt.

Text und Melodie: überliefert

Guten Tag

Gruppenspiel ab 3 Jahre

Spielbeschreibung: Die Kinder sitzen im Kreis und singen den Text auf die Melodie von „Hänschen klein". Dabei rhythmisieren sie den Liedtext durch klatschen. Bei *„Du bist hier, ich bin hier"* zeigen die Kinder zuerst auf die anderen und dann auf sich selbst. Die Strophen können durch andere Begrüßungsworte, z.B. aus den jeweiligen Herkunftsländern der anwesenden Kinder, erweitert werden.

Guten Tag! Guten Tag! Wir wünschen einen guten Tag.
Du bist hier, ich bin hier, spielen wollen wir.
Lasst uns heute fröhlich sein, dazu lade ich euch ein.
Guten Tag! Guten Tag! Wir sagen: „Guten Tag!"

Merhaba! (türkisch); *Marhaba!* (syrisch); *Salam!* (persisch bzw. Farsi); *Dóbry den'!* (russisch); *Bonjour!* (französisch)

Radio, spiel mir ein Lied

Gruppenspiel ab 5 Jahre

Material: eine Decke oder ein großes Tuch

Spielbeschreibung: Alle sitzen im Kreis. Ein Kind verlässt für kurze Zeit den Raum. Währenddessen versteckt sich ein anderes unter einer Decke. Das erste Kind kehrt wieder in den Raum zurück und tippt auf das Kind unter der Decke mit der Aufforderung: *„Radio, spiel mir ein Lied!"* Daraufhin trällert dieses eine kurze Melodie. Findet das andere Kind heraus, wer im Radio gesungen hat?

Spieltipp

Bei jüngeren Kindern können Hilfestellungen gegeben werden, z.B. durch Angaben von Kleidungsmerkmalen, Haarfarbe etc.

Ich suche einen Freund oder eine Freundin

Gruppenspiel ab 4 Jahre

Spielbeschreibung: Alle Kinder fassen sich an den Händen und bilden einen Kreis. Ein Kind, z.B. Luca, geht um den Kreis und sagt: *„Ich suche einen Freund, der mit mir geht."* Daraufhin tippt er ein anderes Kind an, das ihn an der Hand fasst und mit ihm um den Kreis geht. Dabei fragt er diesen Mitspieler: *„Wie heißt du?"* Dieser sagt nun seinen Namen: *„Justus!"* Sie gehen weiter um den Kreis. Nun sucht sich Justus einen neuen Freund oder eine neue Freundin: *„Ich suche eine Freundin, die mit mir geht."* Er tippt eine Mitspielerin an, die ihm die Hand reicht und mitgeht. Er fragt: *„Wie heißt du?"* Sie antwortet: *„Luisa!"* So geht das Spiel immer weiter, bis der innere Kreis aufgelöst ist.
Danach sagt Luca, der erste Spieler der Schlange: *„Ich suche einen Freund, der Paul heißt."* Der Spieler mit diesem Namen löst sich aus der Schlange heraus und hält sich an der freien Hand von Luca fest. Jetzt führt also Paul die Schlange an und sagt: *„Ich suche eine Freundin, die Marlene heißt."* Marlene löst sich aus der Schlange, hält sich an Pauls freier Hand fest, führt die Schlange an usw.

Apollo

Gruppenspiel ab 4 Jahre

Spielbeschreibung: Die Kinder stehen im Kreis und singen. Ein Kind läuft als Apollorakete um den Kreis herum, bleibt hinter einem anderen Kind stehen, klopft ihm rhythmisch auf die Schulter und spricht dabei: *„Schrumbumbum, sind Sie hier? Schrumbumbum, bitte folgen Sie mir!“* Dann fliegen beide Apolloraketen los und fordern in den nächsten Spielrunden weitere Mitspieler auf mitzufliegen.

Text und Melodie: überliefert

Die höflichen Chinesen

Gruppenspiel ab 4 Jahre

Material: Triangel, Glocke oder Gong

Spielbeschreibung: Alle Kinder sitzen in einem Kreis. Das erste stellt sich in die Mitte und beginnt das Spiel (sein Stuhl wird beiseitegestellt). Es geht zu einem anderen Kind, verbeugt sich und stellt sich höflich mit seinem Namen vor: *„Guten Tag! Ich heiße ...“* Das Kind, dem es sich vorgestellt hat, steht auf, verbeugt sich und nennt ebenfalls seinen Namen: *„Guten Tag! Ich heiße ...“*

Diese beiden gehen nun zu weiteren Kindern, verbeugen sich und stellen sich vor. Auch diese gehen mit. So geht das Spiel immer weiter, bis die Spielleitung oder ein anderes Kind eine Triangel, eine Glocke oder einen Gong anschlägt, woraufhin sich alle schnell einen Sitzplatz suchen müssen.

Wer übrig bleibt, beginnt das Spiel von Neuem.

Schmetterling mit frohem Sinn

Gruppenspiel ab 4 Jahre

Spielbeschreibung: Alle Kinder bilden einen Kreis, halten sich an den Händen und singen. Ein Kind tanzt als Schmetterling in der Kreismitte. Zum Ende der ersten Strophe sucht es sich ein anderes Kind, mit dem es in der zweiten Strophe zusammen tanzt. Die anderen klatschen dazu. In den nächsten Spielrunden verdoppeln sich jeweils die tanzenden Schmetterlinge, bis am Ende alle Kinder zu Schmetterlingen geworden sind.

Text und Melodie: überliefert

Ameisenbär

Gruppenspiel ab 4 Jahre

Spielbeschreibung: Alle sitzen im Kreis. Ein Kind wird zur Ameise (sein Stuhl wird beiseitegestellt) und kurz aus dem Raum geschickt. In dieser Zeit bestimmen die anderen, welches Kind den Ameisenbären spielt.
Die Ameise wird wieder ins Zimmer gerufen. Sie geht nun reihum zu jedem Kind und fragt: *„Ich bin die Ameise und wer bist du?“* Das Kind antwortet: *„Ich bin Luis.“* Kommt die Ameise zum Ameisenbären, so antwortet dieser: *„Ich bin der Ameisenbär!“*
Daraufhin wechseln alle Kinder rasch ihre Plätze und auch die Ameise versucht schnell einen Platz zu finden. Das nun übrig gebliebene Kind wird zur neuen Ameise und das Spiel beginnt von vorn.

Gefällt dir dein Platz?

Gruppenspiel ab 5 Jahre

Spielbeschreibung: Alle Kinder sitzen im Kreis, eines steht in der Kreismitte. Es geht zu einem anderen Kind und fragt: *„Gefällt dir dein Platz?“*
Das Kind, an das die Frage gerichtet wird, hat drei Möglichkeiten zu antworten:

- *„Gar nicht“* – alle Kinder wechseln die Plätze und auch das Kind in der Mitte versucht einen Sitzplatz zu finden
- *„Ganz gut“* – nur die Kinder rechts und links vom befragten Kind wechseln die Plätze, wobei das Kind in der Mitte ebenfalls versucht einen Platz zu bekommen
- *„Sehr gut“* – alle bleiben sitzen

Schafft das Kind in der Mitte es nicht, einen Platz zu finden, oder müssen alle sitzen bleiben, läuft das Spiel einfach weiter. Hat es einen Sitzplatz bekommen, geht das Kind ohne Sitzplatz in die Kreismitte usw.

Stopp und los

Gruppenspiel ab 5 Jahre

Material: Musik

Spielbeschreibung: Musik spielt. Die Kinder bewegen sich frei im Raum. Immer wenn die Musik abbricht, wird ein Impuls der Spielleitung von allen ausgeführt, z. B.:

- möglichst viele Hände schütteln
- sich am rechten Ohrläppchen zupfen
- sich mit den Pos anschubsen
- alle mit blauen Augen stellen sich zusammen
- alle, die Rot an ihrer Kleidung haben, stellen sich zusammen
- zu dritt / zu viert / zu fünft zusammenstellen usw.

Wer hat den Keks aus der Dose geklaut?

Gruppenspiel ab 5 Jahre

Spielbeschreibung: Die Kinder sitzen im Kreis.
Die Spielleitung beginnt mit dem Namen eines Kindes: *„Lilli hat den Keks aus der Dose geklaut."*
Lilli: *„Wer, ich?"*
Alle: *„Ja, du!"*
Lilli: *„Niemals!"*
Alle: *„Wer dann?"*
Lilli: *„Anton!"*
Alle: *„Anton hat den Keks aus der Dose geklaut."*

Dabei werden die Worte durch abwechselndes Klatschen auf die Oberschenkel rhythmisch gesprochen. Das Spiel kann so lange gespielt werden, bis jedes Kind einmal genannt wurde.

Kartenrutschen

Gruppenspiel ab 5 Jahre

Material: Rommékartensatz

Spielbeschreibung: Alle Kinder sitzen im Stuhlkreis und ziehen aus dem Kartenstapel eine Spielkarte. Dabei ist nur die Farbe wichtig, also Herz, Karo, Kreuz oder Pik. Die Spielleitung hält den restlichen Stapel in der Hand, deckt die obere Karte auf und zeigt sie den Kindern, z. B. Karo 10. Daraufhin rutschen alle Kinder, die Karo haben, einen Platz nach links. Ist dieser Platz besetzt, setzen sie sich auf den Schoß des Nachbarkindes. In dieser Weise wird weitergespielt, wobei immer nur die Kinder einen Platz weiterrücken dürfen, die oben sitzen. Wenn das erste Kind wieder an seinem ursprünglichen Sitzplatz angekommen ist, wird das Spiel beendet.

Spieltipp

Es können auch Karten mit anderen Symbolen benutzt werden, z. B. 4 Farben, 4 Tierarten, 4 Blumenarten, 4 Obstsorten, 4 Jahreszeiten usw.

Bewegungs-spiele

Zeigt her eure Füße

Gruppenspiel ab 4 Jahre

Spielbeschreibung: Die Kinder stehen im Kreis. Sie singen gemeinsam das Lied und stellen zum Refrain abwechselnd den linken und rechten Fuß nach vorn. Zu den einzelnen Strophen werden die im Text angegebenen Bewegungen pantomimisch nachgeahmt.

Text: Autorinnen, Melodie: überliefert

2. Zeigt her eure Füße, zeigt her eure Schuh
und sehet den fleißigen Fußballern zu.
Sie laufen und schießen den lieben langen Tag.
Sie laufen und schießen den lieben langen Tag.

3. Zeigt her eure Füße, zeigt her eure Schuh
und sehet den fleißigen Fahrradfahrern zu.
Sie klingeln und strampeln den lieben langen Tag.
Sie klingeln und strampeln den lieben langen Tag.

Spieltipp

Die Kinder können weitere Strophen gemeinsam erfinden.

Das große Elefantenfangen

Gruppenspiel ab 4 Jahre

Spielbeschreibung: Ein Kind spielt den Elefanten, indem es mit der linken Hand an seine Nase fasst und den rechten Arm durch die Armbeuge streckt. Dabei ruft es laut: *„Töröö!"* Nun versucht der Elefant mit seinem Rüsselarm die anderen Kinder abzuschlagen. Gelingt es ihm, werden sie ebenfalls zu Elefanten, rufen *„Töröö"* und helfen beim Abschlagen.

Spieltipp

Die Spielgruppe einigt sich auf eine andere Tierart.

Der Bienenstich

Gruppenspiel ab 4 Jahre

Spielbeschreibung: Alle gehen durch den Raum. Ein Kind spielt die Biene und versucht, die anderen zu „stechen". Berührt die Biene ein Kind, hält dieses seine Hand an die getroffene Stelle und versucht nun selbst, jemanden zu „stechen". Das Spiel endet, wenn alle Kinder einen Bienenstich haben.

Der Lumpi schleicht herum

Gruppenspiel ab 4 Jahre

Material: Schwamm

Spielbeschreibung: Ein Kind wird zum Lumpi gewählt. Während die anderen im Kreis stehen und immerzu den Vers singen, schleicht der Lumpi mit dem Schwamm in der Hand um den Kreis herum. Bei seiner Runde, lässt er den Schwamm möglichst unbemerkt hinter einem anderen Kind fallen. Falls dieses den Schwamm bemerkt, hebt es ihn auf und läuft schnell hinter dem Lumpi her. Dieser versucht, schnell in die so entstandene Kreislücke zu schlüpfen. Gelingt es ihm, ist das übrig gebliebene Kind der nächste Lumpi.

Text: Autorinnen, Melodie: überliefert

Elch am Berge, 1, 2, 3

Gruppenspiel ab 4 Jahre

Spielbeschreibung: Der Elch steht mit dem Rücken zu den anderen Kindern, die etwa 20 bis 30 Schritte entfernt in einer Reihe nebeneinanderstehen. Währen der Elch im selbst gewählten Sprechtempo den Satz *„Elch am Berge, eins, zwei, drei!“* ruft, setzt sich die ganze Gruppe mit ganz kleinen Schritten (Fuß vor Fuß) in Bewegung. Bei dem betont gesprochenen „drei“ dreht sich der Elch plötzlich um. Alle müssen daraufhin stillstehen. Wird ein Kind in der Bewegung überrascht, muss es drei Schritte zurückgehen. Das Wechselspiel wird so lange wiederholt, bis ein Kind unbemerkt den Elch erreicht und so zum neuen Elch wird.

Eine gefährliche Flussüberquerung

Partnerspiel ab 4 Jahre

Material: 2 Bogen Zeitungspapier pro Spielerpaar

Spielbeschreibung: Die Kinder finden sich zu Paaren zusammen und stellen sich in einer Linie auf. Vor jedem Paar liegen zwei Zeitungsbogen (= Inseln), sodass die Kinder jeweils die erste Insel bequem erreichen können. Nach der Aufforderung durch die Spielleitung *„Schnell ans andere Ufer!“* hüpfen die Paare von Insel zu Insel, indem sie den verlassenen Bogen immer wieder nach vorn legen. Während der Überquerung dürfen die Füße nur auf Inseln stehen. Die Flussüberquerung endet, wenn alle am anderen Ufer angekommen sind.

Spieltipp

Statt der Zeitungsbogen erhält jedes Paar zwei Kartons, in die es hineinsteigen muss. Erschwert wird der Parcours, wenn die Paare zwei oder mehr Inselteile benutzen müssen, z. B.: Zeitungsbogen, Karton, Reifen.

Schiffschaukel

Gruppenspiel ab 4 Jahre

Spielbeschreibung: Zwei Kinder sitzen sich auf dem Boden mit gegrätschten Beinen gegenüber. Indem sie sich bei den Händen fassen, bilden sie das Schiff. Nun singen alle den Vers und die angesungenen Kinder setzen sich nacheinander in das schaukelnde Schiff. Zum Abschluss „kentert" das voll besetzte Schiff, wobei sich alle Kinder nach hinten fallen lassen. Vor der nächsten Spielrunde werden die Rollen getauscht.

Text: Autorinnen, Melodie: überliefert

Fischer, wie tief ist das Wasser?

Gruppenspiel ab 4 Jahre

Spielbeschreibung: Ein Kind (Fischer oder Fischerin) und die Spielgruppe stehen sich hinter zwei markierten Linien gegenüber und rufen den folgenden Dialog:

Spielgruppe: „Fischer, Fischer wie tief ist das Wasser?" *Fischer: „100 Meter tief!"*
Spielgruppe: „Wie kommen wir hinüber?" *Fischer: „Wie eine Seekuh!"*

Nun bewegen sich die Kinder wie Seekühe, um die gegenüberliegende Linie zu erreichen. Währenddessen bemüht sich der Fischer oder die Fischerin eine Seekuh zu fangen. Diese fischt dann in der nächsten Spielrunde und darf ein anderes Meerestier benennen.

Spieltipp

Die gefangenen Seekühe helfen in der nächsten Spielrunde beim Einfangen. Das Kind, das als letztes übrig bleibt, ist der neue Fischer bzw. die neue Fischerin.

Bunte Flieger fliegen hoch

Solo-, Partner- oder Gruppenspiel ab 2 Jahre

Material: leichte Tücher, Federn, bunte Bänder (z. B. aus Krepppapier), Wäscheklammen

Spielbeschreibung: Die Kinder schmücken sich mit den bereitgestellten Utensilien. Sie werden mit den Klammern an der Kleidung befestigt. Die Kinder sprechen den Vers gemeinsam und bewegen sich dazu rhythmisch-pantomimisch, ohne sich zu berühren. Zu dem Ruf der Spielleitung „*plumm*“ setzen sich alle auf den Boden, bevor sie erneut starten.

Text: Autorinnen

Wir fliegen hin, wir fliegen her,
wir fliegen kreuz, wir fliegen quer.
Wir fliegen auf und nieder,
das tun wir immer wieder.
Wir fliegen hoch, wir fliegen tief,
wir fliegen auch mal schief.
Wir fliegen schnell und schneller,
so dreht unser Propeller.
Wir fliegen rundherum
und landen langsam – plumm!

Spieltipp

Ältere Kinder können auch Flugpaare bilden.

Watteflockensturm

Gruppenspiel ab 4 Jahre

Material: Abdeckfolie (ca. 3 m x 4 m), bunte Watteflocken (pro Kind eine Flocke)

Spielbeschreibung: Die Kinder falten die Folie auseinander und spannen sie vorsichtig. Alle legen ihre Watteflocke auf die Folie und pusten sie zur Folienmitte. Danach schwingen sie die Folie behutsam auf und nieder, wobei keine Flocke auf den Boden fallen darf. Auf ein Kommando hin heben alle gleichzeitig die Folie hoch und lassen sie los. Rasch greift jedes Kind nach einem Wattebausch und versucht, einen Sitzplatz unter der herabschwebenden Folie zu ergattern.

Spieltipp

Die Kinder pusten sich die Flocken gegenseitig zu. Sie sortieren sie pustend nach Farben.

Schlangenballett

Solo- und Gruppenspiel ab 3 Jahre

Material: langes Seil (mehrere kurze Seile aneinanderknoten)

Spielbeschreibung: Ein Kind balanciert über ein langes Seil, das auf den Boden gelegt wurde. Bei Wiederholungen kann das Seil in verschiedene Formen, z. B. in Schlangenlinien, gelegt werden. Bei mehreren Spielern und Spielerinnen balancieren sie nacheinander über das Seil.

Spieltipp

Ältere Kinder balancieren barfuß, rückwärts oder mit geschlossenen Augen. Statt des Seiles kann auch ein Wasserschlauch verwendet oder mit Kreide eine Linie aufgezeichnet werden.

Die Welle kommt

Gruppenspiel ab 4 Jahre

Material: Sitzmatten (eine Sitzmatte weniger als Kinder)

Spielbeschreibung: Die Sitzmatten liegen drinnen im Raum oder draußen auf der Wiese verteilt auf dem Boden. Alle Kinder laufen zwischen ihnen herum, ohne sie zu berühren. Dabei zählen sie gemeinsam und laut, bis ein vorher ausgewähltes Kind plötzlich ruft: *„Die Welle kommt!"* Daraufhin suchen sich alle einen Sitzplatz. Wer keinen Sitzplatz gefunden hat, kündigt in der nächsten Runde die Welle an.

Spieltipp

Bei älteren Kindern wird mit jeder neuen Spielrunde eine Sitzmatte entfernt. Die Kinder dürfen sich die restlichen Sitzmatten teilen. Finden anfangs noch jeweils 2 bis 3 Kinder Platz auf einer Matte, gibt es später so wenig Matten, dass schließlich die letzte Sitzmatte lediglich noch mit einer Hand oder einem Fuß berührt werden kann. Immer gilt, wer keinen Kontakt zur Matte hat, scheidet aus.

Himmel – Erde – Sturm – Wasser

Gruppenspiel ab 4 Jahre

Spielbeschreibung: Alle Kinder gehen oder laufen im Raum umher. Ein vorab ausgewähltes Kind gibt das Spielkommando. Dazu nimmt es seine Hände trichterförmig vor den Mund und ruft z. B.: *„Ich rufe Erde!"* Bei *„Erde"* legen sich alle sofort auf den Boden, bei dem Aufruf *„Himmel"* laufen alle mit ausgebreiteten Armen durch den Raum, bei *„Wasser"* legen sie sich auf den Boden und zeigen Schwimmbewegungen und bei dem Ruf *„Sturm"* halten sich alle gegenseitig fest. Nach einem Durchgang gibt ein anderes Kind das Kommando.

Spieltipp

Bei den Wiederholungen vereinbart die Gruppe gemeinsam vor Spielbeginn optische oder akustische Signale als Zuruf.

Krokodilfänger

Gruppenspiel ab 5 Jahre

Material: Schwungtuch

Spielbeschreibung: Das Schwungtuch liegt ausgebreitet auf dem Boden. Die Kinder verteilen sich gleichmäßig um das Tuch, fassen mit beiden Händen zu und heben es gemeinsam etwas an. Ein vorher ausgewähltes Kind krabbelt als Krokodil unter das Tuch. Ein anderes krabbelt als Krokodilfänger oder -fängerin auf dem Tuch, um das Krokodil zu greifen. Durch kurze und kräftige Wellenbewegungen mit dem Tuch behindert die Gruppe den Fänger oder die Fängerin. Wird das Krokodil schließlich erwischt, werden beide Rollen neu verteilt.

Sandkastenkönig und -königin

Gruppenspiel ab 6 Jahre

Material: Sandhügel bzw. dicke Matte

Spielbeschreibung: Die Kinder stehen in einem großen Sandkasten um einen vorher aufgeschütteten Sandhügel herum. Sie fassen sich bei den Händen, und auf ein vereinbartes Zeichen hin (z. B. bis drei zählen) versucht jedes Kind die anderen auf den Hügel zu ziehen, ohne dabei die Hände zu lösen. Wer auf den Hügel tritt, scheidet aus. Das Kind, das zuletzt übrig bleibt, ist Sandkastenkönig oder -königin.

Spieltipp

Wird das Spiel im Raum gespielt, liegt eine dicke Matte in der Kreismitte.

Schneckenrennen

Solo- und Gruppenspiel ab 2 Jahre

Spielbeschreibung: Die Kinder singen oder sprechen gemeinsam den Vers und bewegen sich dazu langsam und rhythmisch kriechend auf dem Boden. Alle suchen sich ihren eigenen Weg.

Text und Melodie: überliefert

2. Ei wie langsam, ei wie langsam
schleicht Frau Schneck ihm hinterher!
Puh, da würd ich schneller laufen,
wenn ich so ein Schneckrich wär.

Spieltipp

Gemeinsam aus Stühlen, Tischen, Tüchern etc. einen Parcours zum Durchkriechen aufbauen.

Schildkrötennester

Gruppenspiel ab 5 Jahre

Material: Reifen bzw. auf den Boden gezeichnete Kreidekreise, grünes Band zur Markierung eines Reifens

Spielbeschreibung: Als Schildkrötennester liegen die Reifen verteilt auf dem Boden. Alle Kinder spielen Schildkröten und krabbeln umher. Ein vorher bestimmter Krötenfänger oder eine Krötenfängerin steht allein in dem markierten Reifen, die anderen sind zunächst leer.

Krötenfänger:	*„Wer kommt mit zum Krötenteich?"*
Alle bleiben stehen, rufen:	*„Keiner!"*
Krötenfänger:	*„Wohin geht ihr denn?"*
Alle:	*„Ins Nest!"*
Krötenfänger:	*„Aber nur genau* ***2/3/4/5****!"*

Entsprechend der genannten Zahl verteilen sich alle Kinder auf die leeren Nester. Wer keinen Platz mehr in den Reifennestern findet, muss sich ins Krötenfängernest setzen. Die anderen Kröten krabbeln wieder frei herum, bis der Fänger oder die Fängerin erneut ruft. Die Kinder im Krötenfängernest beraten den oder die Fängerin bei der angesagten Zahl. Aber Achtung: Die genannte Zahl muss immer unter der Anzahl der noch verbleibenden Schildkröten liegen. Unter den Kindern, die zuletzt übrig bleiben, wird der oder die nächste Fängerin bestimmt.

Sprechende Steine

Solo-, Partner- und Gruppenspiel ab 6 Jahre

Material: 14 flache Steine, 3 Dosen, Filzstifte

Vorbereitung: Mit Filzstiften folgende Symbole und Zahlen oder Punkte auf verschiedene Steine zeichnen:

Auf 5 Steine die Ziffern 1, 2, 3, 4, 5 schreiben (alternativ: Würfelpunkte setzen)

Auf 5 Steine Strichmännchen zeichnen mit verschiedenen Körperbewegungen

Auf 4 Steine ein neutrales Strichmännchen mit einem Richtungspfeil (links, rechts, oben, unten) zeichnen

Spielbeschreibung: Die bemalten Steine befinden sich sortiert in 3 Dosen. Zu Spielbeginn nimmt das erste Kind mit geschlossenen Augen aus jeder Dose einen Stein. Entsprechend den Symbolen löst es nun die Aufgabe, z. B.: 5 Mal mit beiden Beinen nach rechts hüpfen. Danach legt es die Steine zurück und das nächste Kind nimmt je einen Stein aus den Dosen usw.

Spieltipp

Die Spielgruppe teilt sich in 2 Teams. Nacheinander erfüllen alle Teammitglieder die Aufgabe der gezogenen Steine. Das schnellste Team gewinnt.

Ballschlacht

Gruppenspiel ab 6 Jahre

Material: ca. 10 Bälle aus unterschiedlichen Materialien und in verschiedenen Größen (Softball, Tischtennisball, Igelball, Wasserball usw.), Kreide

Spielbeschreibung: Auf einem markierten Spielfeld die Mittellinie mit Kreide oder einem Seil kennzeichnen. Alle Bälle liegen aufgereiht an der Mittellinie. Die Spielgruppe bildet zwei Teams, die an der Außengrenze ihrer Spielfeldhälfte stehen. Auf ein Kommando hin laufen alle zur Mittellinie, greifen einen Ball und versuchen ein Kind des anderen Teams zu treffen. Wer getroffen wird, scheidet aus.

Spieltipp

- Wird ein Ball gefangen, scheidet das Kind, das geworfen hat, aus.
- Niemand darf die gegnerische Spielfläche betreten.
- Nur die Bälle, die in der eigenen Hälfte landen, dürfen wieder geworfen werden.
- Ein Team hat dann verloren, wenn all seine Mitglieder getroffen wurden.

Roboter

Partner- und Gruppenspiel ab 4 Jahre

Material: großer Schlüssel (evtl. aus Pappe)

Spielbeschreibung: Die Kinder spielen Roboter: Sie stehen steif und still verteilt im Raum. Die Spielleitung kommentiert im weiteren Verlauf ihre Handlung. Sie geht mit einem großen Schlüssel von Kind zu Kind und dreht ihn auf dem Rücken oder Bauch des Kindes. Erst jetzt werden die Kinder zu Robotern und bewegen sich ruckartig. Nach einer Weile haben sie keine Kraft mehr. Dann bleiben sie ruhig stehen. In dieser Pose warten sie, bis die Spielleitung sie mit dem großen Schlüssel wieder aufgezogen hat. Nach dem zweiten Mal bricht allerdings der Schlüssel ab: Mit einem lauten Geräusch klappt der Roboter zappelnd zusammen und bleibt still auf dem Boden liegen. In der nächsten Spielrunde übernimmt ein Kind die Rolle des Schlüsselmeisters oder der Schlüsselmeisterin.

Spieltipp

Das Spiel kann in eine Geschichte integriert werden, in der die Roboter in einer Maschinenfabrik arbeiten oder von einem fremden Planeten kommen.

Rollenspiele

Timpe-Tampe-Zaubermann

Gruppenspiel ab 4 Jahre

Material: Zauberhut und Zauberstab

Spielbeschreibung: Ein Kind spielt mit Hut und Zauberstab den Zaubermann. Dieser singt mit den anderen das Lied, sagt den Zauberspruch und verwandelt alle Kinder in Tiere, Fahrzeuge, Pflanzen oder Gegenstände. Zauberspruch:
„Hatschi, kille, kille, knatschi, bum
bim, bam, basi, rumpumpum,
ich verzaubere euch in ***Krokodile****!"*
Die Kinder agieren ihrer Verzauberung entsprechend. Ruft der Zaubermann noch einmal *„Rumpumpum!"*, werden alle wieder zurückverwandelt und ein neuer Zaubermann wird bestimmt.

Text und Melodie: überliefert

Die Spinne Humpelbein

Solo-, Partner-, Gruppenspiel ab 3 Jahre

Spielbeschreibung: Die Kinder sitzen im Kreis. Zunächst spricht die Spielleitung den Fingerspieltext und zeigt die dazu passenden Bewegungen. Danach sprechen alle gemeinsam den Text und ahmen dazu die Fingerbewegungen nach.

Schau, die Spinne Humpelbein, der geht es heute gar nicht fein.	*Acht Finger krabbeln auf den Oberschenkeln hin und her*
Mühsam läuft sie auf acht Beinen, keucht dabei, die arme Kleine.	*Stöhnend sprechen*
Schwups! Sie stolpert und fällt um, kawumm! Die Spinne Humpelbein liegt rum!	*Die linke Hand umdrehen, sodass die Finger nach oben zeigen*
Kitzel sie am Bauch ganz sacht, damit die Spinne wieder lacht. Spinnenhilfe, gut gemacht!	*Mit den Fingern der rechten Hand in der Handinnenfläche der linken Hand kitzeln*

Das Lied vom Wunderland

Gruppenspiel ab 4 Jahre

Spielbeschreibung: Die Kinder stehen im Kreis. Sie singen gemeinsam das Lied und machen die zum Liedtext passenden Bewegungen, z. B. durch den Raum fliegen, tanzen, reiten. Ältere Kinder können darüber hinaus eigene Strophen entwickeln.

Text und Melodie: überliefert

2. Im Wunderland …
Ich zauber mir ein Spinnelein, hex, hex und tanz mit ihm im Sonnenschein, hex, hex.
Wir tanzen … den lieben langen Tag.

3. Im Wunderland …
Ich schneide einen Haselstock, hex, hex und reite bis zum Wolkenschloss, hex, hex.
Wir reiten … den lieben langen Tag.

Es steht im Wald ein Räuberhaus

Solo-, Partner-, Gruppenspiel ab 4 Jahre

Spielbeschreibung: Die Kinder sitzen im Kreis, sprechen den Vers und führen dabei mit den Fingern die angegebenen Bewegungen aus.

Text: Autorinnen

Es steht im Wald ein Räuberhaus,	*Beide Hände bilden ein Dach*
da schauen fünf Räuber zum Fenster raus.	*Eine Hand über die Augen halten*
Hier ist der Räuber Kugelblitz,	*Daumen zeigen*
im zweiten Räuber Weißvonnix,	*Zeigefinger*
im dritten Räuber Klemmeklau,	*Mittelfinger*
im vierten Räuber Machtradau.	*Ringfinger*
Und aus dem kleinsten Schlüsselloch,	*Daumen und Zeigefinger zum Kreis schließen, durchgucken*
da ruft der fünfte: „Fangt uns doch!“	*Kleinen Finger zeigen, „Fangt uns doch!“ rufen und dann mit der einen Hand die andere greifen*

Spieltipp

Um das Fingerspiel noch spannender zu gestalten, die Fingerkuppen mit Filzstiften anmalen.

Mh, mh, macht der grüne Frosch im Teich

Gruppenspiel ab 4 Jahre

Spielbeschreibung: Die Kinder sitzen im Kreis. Sie singen gemeinsam das Lied und führen zu den einzelnen Tieren folgende Bewegungen aus:

- *Fische* – wellenförmige Seitwärtsbewegungen mit den Händen
- *Algen* – die Finger bewegen sich schnell von oben nach unten
- *Muscheln* – beide Hände schnell hintereinander öffnen und wieder schließen
- *Krebse* – mit den Fingern Kneifbewegungen ausführen

Text und Melodie: überliefert

Refrain: Mh, mh ... quak, quak, quak, quak, quak.

2. Und die Algen machen klinglingelingeling, klinglingelingeling, klinglingelingeling.
Die Algen machen klinglingeling. Doch der kleine grüne Frosch macht: „Mh, mh, mh, mh!"

Refrain: Mh, mh ... quak, quak, quak, quak, quak.

3. Und die Muscheln machen klappklapper, klapper, klapp, klappklapper, klapper, klapp, klappklapper, klapper, klapp.
Die Muscheln machen klappklapper klapp. Doch der kleine grüne Frosch macht: „Mh, mh, mh, mh!"

Refrain: Mh, mh ... quak, quak, quak, quak, quak.

4. Und die Krebse machen dizwickdizwickdizwack, dizwickdizwickdizwack, dizwickdizwickdizwack.
Die Krebse machen zwickzwack zwickzwack. Doch der kleine grüne Frosch macht: „Mh, mh, mh, mh!"

Die Spatzen schrein in ihrem Nest

Gruppenspiel ab 4 Jahre

Material: Seil, Stuhl, Hut

Spielbeschreibung: Auf den Boden wird ein Seil als Nest gelegt. Vor dem Spiel werden die Rollen „alter Spatz“ (mit Hut) und „Katze“ verteilt. Die Katze sitzt außerhalb des Nestes auf einem Stuhl. Der alte Spatz sitzt mit den anderen „Spatzenkindern“ im Nest. Sie singen die 1. Strophe.
Bei der 2. Strophe flattern alle Spatzen im Raum umher und lassen sich außerhalb des Nestes nieder.
Bei der 3. Strophe steht der alte Spatz auf, flattert auf der Stelle und singt *„Filippzipp-zipp…“*.
In der letzten Strophe springt die Katze auf und fängt sich einen Spatz.

Text und Melodie: überliefert

2. Vorbei ist nun Gesang und Schmaus,
da fliegen sie zum Dach hinaus.
II: Filippzippzipp, filippzippzipp
und ruhn ein wenig aus. :II

3. Der alte Spatz, der kluge Mann,
der fängt mit seiner Rede an.
II: Filippzippzipp, filippzippzipp
hoch auf der Wetterfahn'. :II

4. Miau, da kommt sie schon die Katz
und fängt sich einen dicken Spatz.
II: Filippzippzipp, filippzippzipp,
sucht einen sichren Platz.

Ich bin Erdmut vom Grabeland

Solo-, Partner-, Gruppenspiel ab 3 Jahre

Spielbeschreibung: Die Kinder stehen im Kreis. Sie singen gemeinsam das Lied und führen die im Refrain angegebenen Bewegungen aus: mit den Händen grabende Bewegungen nach links, dann nach rechts. Bei *„buddel, buddel …"* schnelle Grabbewegungen, dann nach links, rechts und geradeaus zeigen. Zu den einzelnen Strophen können die Kinder eigene Gesten entwickeln.

Text: Autorinnen, Melodie: Ich bin ein kleiner Hampelmann

1. Ich bin Erdmut vom Grabeland,
als Maulwurf überall bekannt.

Ref.: Grab linksherum, grab rechtsherum,
buddel, buddel, buddel, buddel
schief und krumm
und manchmal gradeaus.

2. Tief in der Erde ist mein Heim,
dort wohne ich so ganz allein.

Ref.: Grab linksherum …

3. Mein Fell ist schwarz und sammetweich,
hab Pfoten einem Bagger gleich.

Ref.: Grab linksherum …

4. Ich bin fast blind, doch hör ich viel,
ich lausche gern dem Grillenspiel.

Ref.: Grab linksherum …

5. Die Asseln und das Mausetier,
die nehmen schnell Reißaus vor mir.

Ref.: Grab linksherum …

6. Ich werfe gerne Hügel auf,
doch schon kommt man und tritt darauf.

Ref.: Grab linksherum …

7. Heut Nacht lädt mich das Wiesel ein,
zu Würmerbrei und Schneckenwein.

Ref.: Grab linksherum …

Was hör ich denn da nebenan?

Gruppenspiel ab 4 Jahre

Spielbeschreibung: Die Kinder stehen im Kreis. Sie singen gemeinsam das Lied und führen die angegebenen Bewegungen aus.

Text und Melodie: überliefert

1. Was hör ich denn da nebenan,	*Hand an das Ohr halten*
da ist was los.	
Ich laufe an den Zaun heran,	*Auf der Stelle laufen*
der ist so groß.	*Arme nach oben strecken*
Ich will einmal von oben sehn, so, so, so.	*Auf Zehenspitzen stellen*
Vielleicht kann ich dann besser sehn, so so, so.	*Hand an die Stirn legen*
II: Ich kann nichts sehn, ich kann nichts sehn,	*Enttäuschte Körperhaltung*
da drüben ist was los. :II	
2. Was hör ich denn da nebenan ...	
Ich will einmal von unten sehn, so, so, so.	*In die Hocke gehen*
Vielleicht kann ich ...	
3. Was hör ich denn da nebenan ...	
Ich will einmal durchs Astloch sehn, so, so, so.	*Mit Daumen und Zeigefinger ein Loch*
Vielleicht kann ich ...	*formen, vor ein Auge halten*
4. Was hör ich denn da nebenan ...	
Ich will ein Stückchen weiter gehn, so, so, so.	*Drei kleine Schritte nach rechts gehen*
Vielleicht kann ich dann besser sehn, so, so, so.	*Hand an die Stirn legen*
II: Jetzt kann ich sehn, jetzt kann ich sehn,	
doch jetzt ist nichts mehr los. :II	*Enttäuschte Körperhaltung*

Im Walde von Toulouse

Gruppenspiel ab 5 Jahre

Material: Steckenpferd, kleiner Stoffbeutel/Geldbeutel

Spielbeschreibung: Vor dem Spiel werden folgende Rollen verteilt: 3 Räuber, 1 Reiter, 3 Polizisten.

Musik: aus Frankreich, Text: Kabitz, Ulrich (Deutscher Text) aus Der Eisbrecher

1. Im Walde von Toulouse, da haust ein Räuberpack, da haust ein Räuberpack, schneddereng, peng peng, schneddereng perline, da haust ein Räuberpack, schneddereng, peng peng, schneddereng, peng peng!	*Alle sitzen im Stuhlkreis und singen. Nur der Reiter und die 3 Polizisten sitzen außerhalb des Kreises*
2. Es waren ihrer fünfzig, verborgen im Gebüsch, verborgen im Gebüsch, ...	*Alle verstecken sich hinter ihren Stühlen*
3. Sie sprachen zueinander: „Sieh nach, ob einer kommt“ ...	*Alle sprechen zueinander: „Sieh nach ...“*
4. „Ich sehe einen kommen, der sitzt auf hohem Ross“ ...	*1. Räuber geht in die Kreismitte und legt eine Hand an die Stirn* *Der Reiter reitet in die Kreismitte*
5. „Mein Herr, bleibt bitte stehen, wo habt ihr euer Geld?“ ...	*2. Räuber kommt aus seinem Versteck und fragt nach dem Geld*
6. „Das Geld ist in der Börse, die Börse ist im Rock“ ...	*Reiter zeigt auf seine Hosentasche*
7. „So gebt her eure Böse, sonst legen wir euch um“ ...	*3. Räuber kommt aus seinem Versteck und droht mit der Pistole (Zeigefinger)*
8. „So nehmt denn meine Börse und lasst das Leben mir“ ...	*Reiter gibt ihm einen Geldbeutel*
9. Im selben Augenblicke, da kam die Polizei ...	*3 Polizisten kommen von außen in den Kreis*
10. Da hoben alle Räuber ganz schnell die Hände hoch ...	*Alle, bis auf den Reiter und die Polizisten, nehmen die Hände hoch*
11. Im Walde von Toulouse gibt's keine Räuber mehr ...	*Alle klatschen*

Wir gehen heut auf Löwenjagd

Gruppenspiel ab 5 Jahre

Spielbeschreibung: Alle sitzen im Kreis, sprechen den Text und rhythmisieren ihn durch wechselseitiges Klatschen auf die Oberschenkel. Dazu führen sie die passenden Bewegungen aus.

Refrain:	
Wir gehen heut auf Löwenjagd,	*Im Wechsel auf die Oberschenkel klatschen*
wir haben keine Angst.	
Wir haben ein Gewehr dabei	
und auch ein großes Schwert. Uuh!	*Rechten Arm nach oben und „Uuh"! rufen*
1. Oh, was ist denn da? Eine Wiese!	
Drüber kommen wir nicht,	*Hände zeigen nach oben*
drunter kommen wir nicht,	*Hände zeigen nach unten*
rechts kommen wir nicht vorbei,	*Hände zeigen nach rechts*
links kommen wir nicht vorbei.	*Hände zeigen nach links*
Was nun?	
Wir müssen mittendurch.	*Hände aneinanderreiben*
Refrain: Wir gehen ...	
2. Oh, was ist denn da? Ein Berg!	
Drüber kommen wir nicht,	*Hände zeigen nach oben*
...	...
Was nun?	
Wir müssen klettern.	*Kletterbewegungen*
Refrain: Wir gehen ...	
3. Oh, was ist denn da? Ein Sumpf!	
Drüber kommen wir nicht,	*Hände zeigen nach oben*
...	...
Was nun?	
Wir müssen mittendurch.	*Schmatzendes Geräusch machen*

Refrain: Wir gehen …

4. Oh, was ist denn da? Eine Brücke!	
Drüber kommen wir nicht,	*Hände zeigen nach oben*
…	…
Was nun?	
Wir müssen schnell rüberlaufen.	*Mit den Fäusten im Wechsel auf die Brust, klopfen und dabei laut „Ooh!" tönen*

Refrain: Wir gehen …

5. Oh, was ist denn da? Die Löwenhöhle!	
Pst! Leise, wir wollen den Löwen nicht wecken.	*Leise auf die Oberschenkel klatschen*
Da! Ich sehe ihn!	*Hinzeigen und laut rufen*
Schnell zurück:	*Schnell auf die Oberschenkel klatschen*
über die Brücke,	*Mit den Fäusten auf die Brust klopfen*
durch den Sumpf,	*Schmatzendes Geräusch machen*
den Berg hochklettern,	*Kletterbewegungen*
über die Wiese rennen,	*Hände aneinanderreiben*
schnell ins Haus, Tür zu, Kopf runter.	*Kopf einziehen*
Hat er uns gesehen?	*Vorsichtig umgucken*
Uff, er ist nicht hinterhergekommen.	

Refrain:	
Wir gingen heut auf Löwenjagd,	*Im Wechsel auf die Oberschenkel klatschen*
wir hatten keine Angst.	
Wir hatten ein Gewehr dabei	
und auch ein großes Schwert. Uuh!	*Rechten Arm nach oben und „Uuh!" rufen.*

Ich kenne einen Cowboy

Gruppenspiel ab 5 Jahre

Spielbeschreibung: Die Spieler stehen im Kreis und stellen den Cowboy in jeder Strophe pantomimisch dar.

Text und Melodie: überliefert

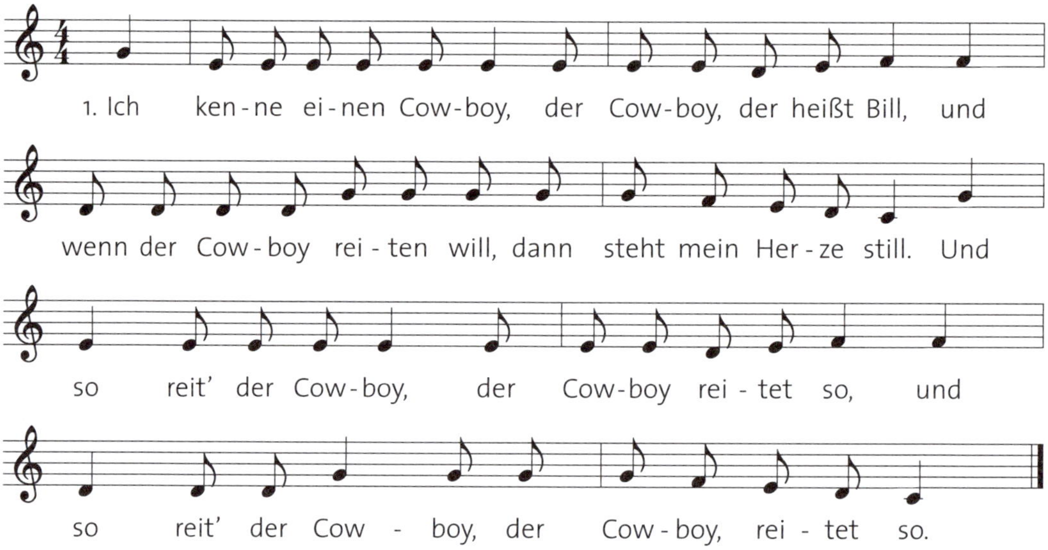

2.… und wenn der Cowboy schießen will,
dann steht mein Herze still.
Und so schießt der Cowboy …

3.… und wenn der Bill das Lasso wirft,
dann steht mein Herze still.
Und so wirft der Cowboy …

4.… und wenn der Cowboy trinken will,
dann steht mein Herze still.
Und so trinkt der Cowboy …

5.… und wenn der Cowboy lieben will,
dann steht mein Herze still.
Und so liebt der Cowboy …

6.… und wenn der Cowboy schlafen will,
dann steht mein Herze still.
Und so schläft der Cowboy …

Himpelchen und Pimpelchen

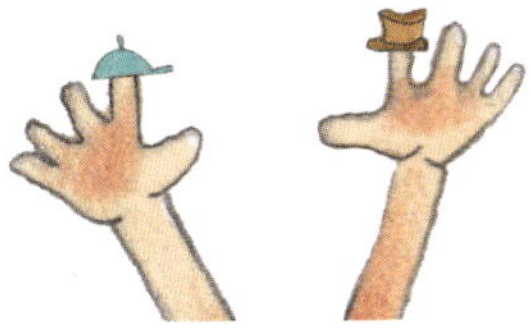

Solo-, Partner-, Gruppenspiel ab 3 Jahre

Spielbeschreibung: Die Kinder sitzen im Kreis, sprechen den Vers und führen dabei mit den Fingern die angegebenen Bewegungen aus.

Himpelchen und Pimpelchen	*Beide Fäuste recken den Daumen nach oben*
stiegen auf einen Berg.	*Nach oben gehen andeuten*
Himpelchen war ein Heinzelmann	*Mit dem linken Daumen kurz wackeln*
und Pimpelchen war ein Zwerg.	*Mit dem rechten Daumen kurz wackeln*
Sie blieben lange oben sitzen	*Fäuste ruhen*
und wackelten mit den Zipfelmützen.	*Heftig mit den Daumen wackeln*
Doch nach sieben langen Wochen	*Daumen still halten*
sind sie in den Berg gekrochen.	*Daumen in die Fäuste*
Dort schlafen sie in süßer Ruh.	
Seid mal still und hört gut zu!	
Ch ch ch ch …	*Schnarchgeräusche machen*
Als sie dann erwachten,	*Daumen aus den Fäusten strecken*
guckten sie und lachten.	
Himpelchen sagte: „Ich bau mir ein Haus!“	*Beide Hände bilden ein Dach, die beiden*
Pimpelchen sagte: „Ich auch, ich auch!“	*Daumen zappeln davor*
Himpelchen sagte: „Mein Haus ist krumm,	*Hände nach links schief halten*
ist das aber dumm!“	
Pimpelchen sagte: „Mein Haus ist auch nicht grade,	*Hände nach rechts schief halten*
ist das aber schade!“	
Da kam ein kleiner Pustewind	*In die Hände blasen*
und pustete sie fort geschwind.	*Hände auf den Rücken*

Spieltipp

„Himpelchen“ und „Pimpelchen“ bekommen kleine Hüte, z. B. Fingerhüte aus farbigem Kunststoff (im Handel erhältlich) oder kleine Halbkreise aus farbigem Papier zu spitzen Tüten zusammengerollt und geklebt.

Meine Tante aus Marokko

Gruppenspiel ab 6 Jahre

Spielbeschreibung: Die Kinder stellen den Text pantomimisch dar und imitieren die Geräusche. Dabei zeigen sie auf *„hipp“* mit dem rechten Daumen nach hinten über die rechte Schulter und auf *„hopp“* mit dem linken Daumen über die linke Schulter. Nach jeder Strophe wird der Refrain wiederholt.

Text und Melodie: überliefert

2. Und sie kommt auf zwei Kamelen, wenn sie kommt, hoppeldihopp …

3. Und sie schießt mit zwei Pistolen, wenn sie kommt, piff paff …

4. Und dann schlachten wir ein Schwein, wenn sie kommt, krks krks …

5. Und dann trinken wir 'ne Flasche, wenn sie kommt, gluck gluck …

6. Und dann essen wir 'ne Torte, wenn sie kommt, schmatz schmatz …

7. Und dann schrubben wir die Bude, wenn sie kommt, schrupp schrupp …

8. Und dann kommt ein Telegramm, dass sie nicht kommt, oh weh …

9. Und dann kommt ein Telegramm, dass sie doch kommt, jucheh …

Kaspertheater

Solo-, Partner-, Gruppenspiel ab 5 Jahre

Spielbeschreibung: Die Spielleitung sitzt mit den Kindern im Kreis, spricht den Text und führt die dazu passenden Bewegungen aus. Die Kinder sprechen und ahmen die Bewegungen nach.

Vorhang auf!	*Beide Hände flach nebeneinander und zur Seite nach außen wegdrehen*
Guten Tag, meine Damen und Herren!	*Rechter Zeigefinger als Kasper*
Habt ihr auch alle den Kasper gern?	
Da hol ich mir den Seppel gleich,	
wir machen oft manch lust'gen Streich.	
S-e-p-p-e-l!	*Rufen*
Wir schlagen uns	*Zeigefinger wie zwei Schwerter kreuzen*
und wir vertragen uns.	*Zeigefinger ineinanderhaken*
Da kommt die Hexe Huckebein,	*Linker Zeigefinger gekrümmt*
sagt: „Kasper, du sollst verzaubert sein!“	
„Nein, Hexe, nein, da wird nichts draus.	*Rechter Zeigefinger verneinend*
Schnell ab mit dir ins Hexenhaus!“	*Rechter Zeigefinger drückt den linken, gekrümmten Zeigefinger zur Seite*
Da kommt ein großes Krokodil,	*Linke Hand als Krokodilmaul*
mit seinem Maul, das frisst ganz viel.	*Maul weit öffnen*
Das hat sich leicht ins Gras geduckt	*Linke Hand auf den Schoß legen*
und hat den Kasper halb verschluckt!	*Rechten Zeigefinger in die linke Hand stecken*
Der ruckt und zuckt und ei der Daus:	*Rechter Zeigefinger versucht sich zu befreien*
Er zappelt wirklich wieder raus.	*Rechten Zeigefinger aus der Hand herausziehen*
Jetzt geht es schlecht dem Krokodil,	*Rechter Zeigefinger droht*
es rennt, so schnell es kann, zurück zum Nil.	*Rechter Zeigefinger drängt linke Hand zur Seite*
Erleichtert bleibt der Kasper stehn,	*Rechter Zeigefinger steht aufrecht*
um dann zur Gretel heimzugehn.	*Rechter Zeigefinger und Mittelfinger „gehen“*
„Kommt alle mit zur Gretel heim,	
lasst uns gemeinsam lustig sein!“	*Rechten und linken Zeigefinger kreuzen und*
Tri tra trullala, tri tra trullala …	*tanzende Bewegungen machen*
Vorhang zu!	*Handflächen aufeinander zubewegen*

Spieltipp

Vor dem Spiel einfache, passende Figuren aus Tonpapier herstellen.

Garstige Gespenster

Gruppenspiel ab 3 Jahre

Material: große weiße Papierservietten, kleine Gummiringe, Schlaginstrument

Vorbereitung: Vor dem Spiel stellt jedes Kind ein Finger-Gespenst her. Dazu wird eine große Papierserviette ausgebreitet, mittig über den Zeigefinger gelegt und mit einem kleinen Gummiring fixiert.

Spielbeschreibung: Die Kinder sitzen mit ihren Gespenstern im Kreis. Fünf stehen nacheinander mit ihrem Gespenst auf, gehen in die Kreismitte und rufen *„Hahaaa!"* etc. *„Um zwölf"* schlägt die Spielleitung eine Glocke, Triangel oder ein Glockenspiel zwölfmal an, woraufhin alle Kinder in die Kreismitte kommen, sich mit ihren Gespenstern bewegen und sich zum Schluss unter ihre Stühle setzen.

Garstige Gespenster hocken vor dem Fenster.
Das erste schreit: „Hahaaa!"
Das zweite heult: „Hohooo!"
Das dritte brummt: „Huhuuu!"
Das vierte brüllt: „Heheee!"
Das fünfte lacht: „Hihiiiiiii!"
Um zwölf, da schlägt die Kirchturmuhr,
schon kommen alle schnell hervor.
Sie schweben in der Luft herum
und schwups – ist die Gespensterstunde um.

Sinnesspiele

Ich sehe was, was du nicht siehst

Partner- und Gruppenspiel ab 4 Jahre

Spielbeschreibung: Alle sitzen gemütlich beisammen und die Spielleitung beginnt: *„Ich sehe was, was du nicht siehst, und das ist* ***blau****!"* Der Gegenstand, der gemeint ist, befindet sich für alle sichtbar im Raum. Die Kinder raten und äußern nacheinander ihre Vermutungen. Dasjenige, das als erstes das blaue Objekt erraten hat, leitet die nächste Fragerunde ein.

Spieltipp

Später können auch andere Eigenschaften eines Gegenstandes benannt werden, z. B. Größe, Form, Haptik o. Ä.

Grimassen weitergeben

Partner- und Gruppenspiel ab 4 Jahre

Spielbeschreibung: Alle sitzen im Kreis. Die Spielleitung hält sich die flache Hand vors Gesicht und tippt dem rechts neben ihr sitzenden Kind auf die Schulter. Wenn das Kind sie anschaut, zieht sie ihre Hand herunter und zeigt ihm eine Grimasse. Anschließend schiebt sie die Hand wieder vor ihr Gesicht, entfernt sie und zeigt einen neutralen Gesichtsausdruck. Das Nachbarkind wiederholt diesen Vorgang mit der ursprünglichen Grimasse zum Kind rechts neben ihm. Auf diese Weise wandert die Grimasse von Kind zu Kind im Kreis herum.

Fang den Dieb

Gruppenspiel ab 4 Jahre

Material: Schlüsselbund

Spielbeschreibung: Alle sitzen im Kreis. Ein Kind, der Wachhund, sitzt mit geschlossenen Augen auf dem Boden. Vor ihm liegt ein Schlüsselbund (als Symbol für den Knochen). Ein anderes Kind nimmt lautlos den Schlüsselbund weg und setzt sich wieder leise auf seinen Platz. Alle nehmen nun die Hände auf den Rücken und rufen laut: *„Fang den Dieb!“* Der Wachhund muss nun den Schlüsseldieb oder die Schlüsseldiebin ausfindig machen, indem er dreimal jeweils ein anderes Kind fragt: *„Bist du der Dieb?“* Das angesprochene Kind zeigt seine leeren Hände oder den Schlüssel. Wer den Schlüsselbund vorzeigen kann, übernimmt in der nächsten Spielrunde die Rolle des Wachhundes.

Schnüffelnase

Solo-, Partner- und Gruppenspiel ab 5 Jahre

Material: 10 Filmdosen o. Ä., 5 Aromen (z. B.: Zitrone, Knoblauch, Lavendel, Vanille, Zimt), 10 Wattepads

Spielbeschreibung: Die Aromen paarweise auf die Wattepads träufeln, um sie anschließend in die Filmdosen zu verteilen. Die Kinder sitzen im Kreis, die Riechdosen stehen in der Kreismitte. Zuerst müssen nun gemeinsam zwei gleiche Düfte gefunden werden. Dazu den Deckel kurz anheben, schnuppern und die Dose wieder verschließen. Die zueinanderpassenden Aromen nebeneinanderstellen. Wenn alle Gerüche erkannt und auch benannt worden sind, die geschlossenen Dosen mischen. Wie beim Memoryspiel müssen nun Duftpaare erschnüffelt werden.

Spieltipp

Die Riechdosen um weitere Duftnoten, auch mit eher unangenehmen Düften, erweitern.

Klopf, klopf, wer steht hinter dir?

Gruppenspiel ab 4 Jahre

Material: Augenbinde

Spielbeschreibung: Alle Kinder sitzen im Kreis. Ein Kind sitzt als Karfunkel mit verbundenen Augen in der Kreismitte. Während alle den Vers singen, steht ein ausgewähltes Kind auf und stellt sich leise hinter Karfunkel auf. Ist das Lied zu Ende, klopft es auf Karfunkels Rücken und fragt laut: *„Klopf, klopf, wer steht hinter dir?“* Errät Karfunkel den Namen des Kindes in drei oder weniger Versuchen, darf dieses nun Karfunkel sein.

Text: Autorinnen, Melodie: überliefert

Wer ist hier verschwunden?

Gruppenspiel ab 4 Jahre

Material: großes Tuch

Spielbeschreibung: Alle Kinder sitzen im Kreis, ein großes Tuch liegt ausgebreitet in der Kreismitte. Ein Kind verlässt den Raum, ein anderes versteckt sich unter dem Tuch. Während das erste Kind nach Aufforderung wieder den Raum betritt, singen alle den Vers. Kann es das verschwundene Kind benennen, darf es ein anderes bestimmen, das nun den Raum verlässt. Errät es nicht sofort, wer sich unter dem Tuch versteckt, geben die anderen hilfreiche Hinweise.

Text und Melodie: überliefert

Tierfamilien finden

Gruppenspiel ab 4 Jahre

Material: 3 bis 4 Bildkarten von jeder Tierart (aus den Printmedien oder dem Internet); die Menge der Tierarten so auswählen, dass jedes Kind eine Karte bekommt

Spielbeschreibung: Alle bilden einen Kreis. Jedes Kind erhält eine Tierkarte, benennt das Tier und macht den passenden Tierlaut dazu. Dann sammelt die Spielleitung alle Karten wieder ein, mischt sie und verteilt sie erneut. Jetzt hält jedes Kind sein Tier geheim. Erst auf ein Zeichen hin geben alle ihren Tierlaut von sich, sodass die Tiere derselben Art zueinander finden können. Welche Tierfamilie findet sich am schnellsten? Für weitere Spielrunden werden die Karten erneut gemischt und verteilt.

Spieltipp

Ältere Kinder setzen sich als Tierfamilie gemeinsam auf einen Stuhl.

Wo tickt der Wecker?

Partner- und Gruppenspiel ab 3 Jahre

Material: Kurzzeitwecker

Spielbeschreibung: Die Kinder setzen sich auf den Boden und schließen fest ihre Augen. Die Spielleitung stellt die Laufzeit ein und versteckt den Kurzzeitwecker im Raum. Dann öffnen alle die Augen und warten gespannt auf das Klingelgeräusch. Wer den rappelnden Wecker zuerst entdeckt, darf ihn in der nächsten Spielrunde an anderer Stelle verstecken.

Geräuschpaare

Solo-, Partner- und Gruppenspiel ab 5 Jahre

Material: 10 gleiche verschließbare, undurchsichtige Behälter (Dosen, Gläser, Stoffsäckchen oder Schachteln), 5 Paare verschiedener Gegenstände (z. B. Kastanie, Sand, kleine Steine, Bausteine, Geldstücke o. Ä.)

Spielbeschreibung: Die Kinder füllen die Gegenstände in die Behälter, verschließen sie und merken sich dabei das jeweils erzeugte Geräusch. Nachdem die Dosen gemischt worden sind, müssen die zueinanderpassenden Geräusche wie beim Memoryspiel durch Schütteln der Behälter ermittelt werden.

Spieltipp

Bei älteren Kindern kann die Anzahl der verschiedenen Geräusche erhöht werden.

Was ist anders?

Partner- und Gruppenspiel ab 4 Jahre

Spielbeschreibung: Alle sitzen im Kreis. Zwei Kinder verlassen den Raum und verändern einige Dinge an ihrem Äußeren, z. B. ziehen sie ihre Schuhe verkehrt herum an, krempeln die Ärmel hoch o. Ä. Danach kehren die beiden Kinder wieder zurück und die anderen müssen erraten, was verändert wurde. Wer das herausfindet, darf als Nächstes einen Partner oder eine Partnerin wählen und etwas an sich verändern.

Wie schmecken Farben?

Partner- und Gruppenspiel ab 4 Jahre

Material: Bilder ausgewählter Obstsorten, anteilig aufgeteilt nach der Anzahl der Kinder, Korb

Spielbeschreibung: Die Kinder bilden einen Sitzkreis. Die Spielleitung reicht den Korb mit Obstbildern (z. B. Kirschen, Kiwis, Blaubeeren, Ananas) herum, sodass jedes Kind eine Bildkarte auswählen kann. Im Anschluss werden die Farben und Namen der Obstsorten bei Bedarf besprochen. Nun singen alle die ersten zwei Liedzeilen. Die Kinder mit dem Obst in der besungenen Farbe gehen in die Mitte, zeigen ihr Bild vor und singen die dritte und vierte Liedzeile. Danach setzen sie sich wieder in den Kreis und die nächste Farbe wird besungen. Nach jeder Spielrunde kann auf Wunsch das Bild getauscht werden.

Text: Autorinnen, Melodie: überliefert

2. Grün, grün, grün ist ... weil ich am liebsten Kiwis mag.

3. Blau, blau, blau ist ... weil ich am liebsten Blaubeeren mag.

4. Gelb, gelb, gelb ist ... weil ich am liebsten Ananas mag.

Spieltipp

In der Kreismitte steht zusätzlich eine Obstschale mit den genannten Obstsorten. Am Ende der Spielzeit darf jedes Kind von seinem Lieblingsobst kosten. Bei künftigen Spielrunden können weitere Obstsorten oder auch Gemüsearten nach Farben bestimmt werden.

Dingsda im Reisekorb

Partner- und Gruppenspiel ab 4 Jahre

Material: Korb mit 5 bis 8 verschiedenen Gegenständen (z. B. Malstift, kleiner Ball, Löffel, Baustein, Schlüssel oder ähnliche Dinge), ein Tuch zum Abdecken

Spielbeschreibung: Alle sitzen im Kreis auf dem Boden. Die Gegenstände liegen neben dem Korb in der Kreismitte. Jeweils ein Kind benennt ein Teil und legt es in den Korb. Nun wird der zugedeckte Korb von Kind zu Kind weitergereicht, dazu sprechen oder singen alle gemeinsam den Vers. Das Kind, bei dem das Lied endet, greift in den Korb. Ohne den Gegenstand herauszunehmen, beschreibt es ihn – das Dingsda – in seiner Größe, Oberfläche, Gewicht, Form usw. Nachdem es seine Vermutung geäußert hat, können die anderen Kinder raten. Erst wenn der richtige Name gefallen ist, wird das Dingsda vorgezeigt. Das Spiel endet, wenn alle Kinder einmal ein Dingsda beschrieben haben.

Text: Autorinnen, Melodie: überliefert

Spieltipp

Nach dem gleichen Spielprinzip können weitere Gegenstände erraten werden, z. B.:

- verschiedene Obstsorten in einem abgedeckten Korb, die nach dem Spielende verspeist werden
- unterschiedliche Bürsten (eine Zahnbürste, Schuhbürste, Spülbürste, Haarbürste ...) in einem Beutel, deren Funktion benannt werden muss
- Kugeln und Bälle in einem Schuhkarton, in dessen Deckel eine Öffnung angebracht wurde

Was riecht hier so?

Partner- und Gruppenspiel ab 5 Jahre

Material: geruchsintensive Esswaren (z. B. Pfefferminze, Schokolade, Zwiebel, Käse u. Ä.) in getrennten und undurchsichtigen Frischhaltedosen

Spielbeschreibung: Die verschlossenen Dosen stehen auf einem Tisch. Ein Kind wählt eine Dose, schließt die Augen, öffnet kurz den Deckel und schnuppert hinein. Anschließend beantwortet es die Frage: *„Was riecht hier so?"* Jedes Kind hat drei Antwortversuche. Wer richtig rät, darf die nächste Dose auswählen und öffnen. Zum Schluss könnten die Esswaren direkt verspeist werden oder bei der Speisenzubereitung verwendet werden.

Entdecke die Krabbeltierchen

Partner- und Gruppenspiel ab 4 Jahre

Material: leere Joghurtbecher, Umrissbilder von heimischen Krabbeltieren (aus Printmedien oder dem Internet), die vorwiegend auf einer Wiese leben, z. B. Käfer, Spinnen, Ameisen, Schnecken, Raupen, Würmer, Schmetterlinge usw. – von jeder Art pro Kind ein Bild

Spielbeschreibung: Als Spielort eignet sich der Garten oder ein Spielplatz mit Wiese und Sträuchern. Die Spielleitung versteckt die Bilder der Krabbeltiere da, wo sich die realen Tiere auch tatsächlich aufhalten könnten. Jedes Kind erhält einen Joghurtbecher, in dem es die gefundenen Papier-Krabbeltiere sammelt – von jeder Art eines. Gegenseitige Hilfestellungen sind bei der Suche erlaubt. Zum Abschluss, wenn alle ein Bild von jeder Tierart im Becher haben, benennen und zeigen die Kinder ihre Lieblingskrabbeltiere.

Fußsohlenpflege

Solo-, Partner- und Gruppenspiel ab 4 Jahre

Material: 4 bis 6 Obstkisten aus Holz mit unterschiedlichen Materialien gefüllt, über die man mit nackten Füßen gefahrlos gehen kann, z. B.: Moos, Sand, Styroporflocken, Bürsten u. Ä.

Spielbeschreibung: Die befüllten Kisten als Weg aufstellen. Die Kinder treten nacheinander mit nackten Füßen in die verschiedenen Behälter. Sie teilen dabei ihre Empfindungen mit.

Spieltipp

Ältere Kinder gehen paarweise über den Parcours, wobei eines die Augen verbunden hat und das andere ggf. Hilfestellung gibt.

Ringlein, du musst wandern

Gruppenspiel ab 4 Jahre

Material: Fingerring an einem langen, zusammengeknoteten Band

Spielbeschreibung: Ein Kind steht in der Kreismitte. Alle anderen sitzen im Kreis und fassen mit beiden Händen das Ringband, sodass es gespannt ist. Mit ihren Fäusten rutschen sie nacheinander darüber und schieben auf diese Weise den Ring unbemerkt weiter, damit das Kind in der Mitte nicht erkennt, wo sich der Ring gerade befindet. Dazu singen alle den Vers. Zum Ende des Gesangs muss das Kind in der Mitte raten, wer den Ring in seiner Faust hält. Dieses geht nun in die Kreismitte.

Text: Autorinnen, Melodie: überliefert

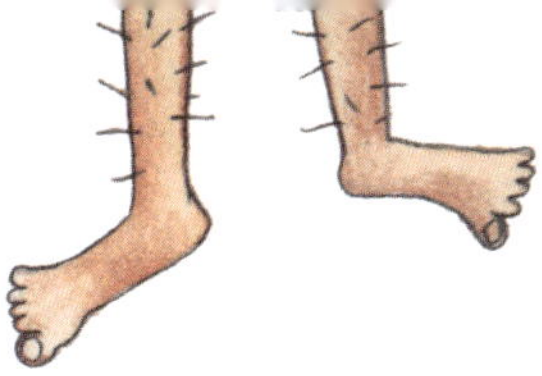

Schuhsalat

Gruppenspiel ab 3 Jahre

Spielbeschreibung: Alle Kinder ziehen ihre Schuhe aus und stapeln sie in der Kreismitte zu einem Haufen. Das erste Kind sucht ein Schuhpaar heraus und ordnet es dem Kind zu, dem die Schuhe gehören. Danach setzt es sich wieder auf seinen Platz. Das Kind, das seine Schuhe zurückerhalten hat, darf nun als nächstes ein Schuhpaar heraussuchen und dem richtigen Kind zuordnen. Das Spiel endet, wenn alle ihre Schuhe wieder an den Füßen tragen.

Spieltipp

Ältere Kinder können zusätzlich Kleidungsstücke wie z.B. Handschuhe oder Mützen zuordnen.

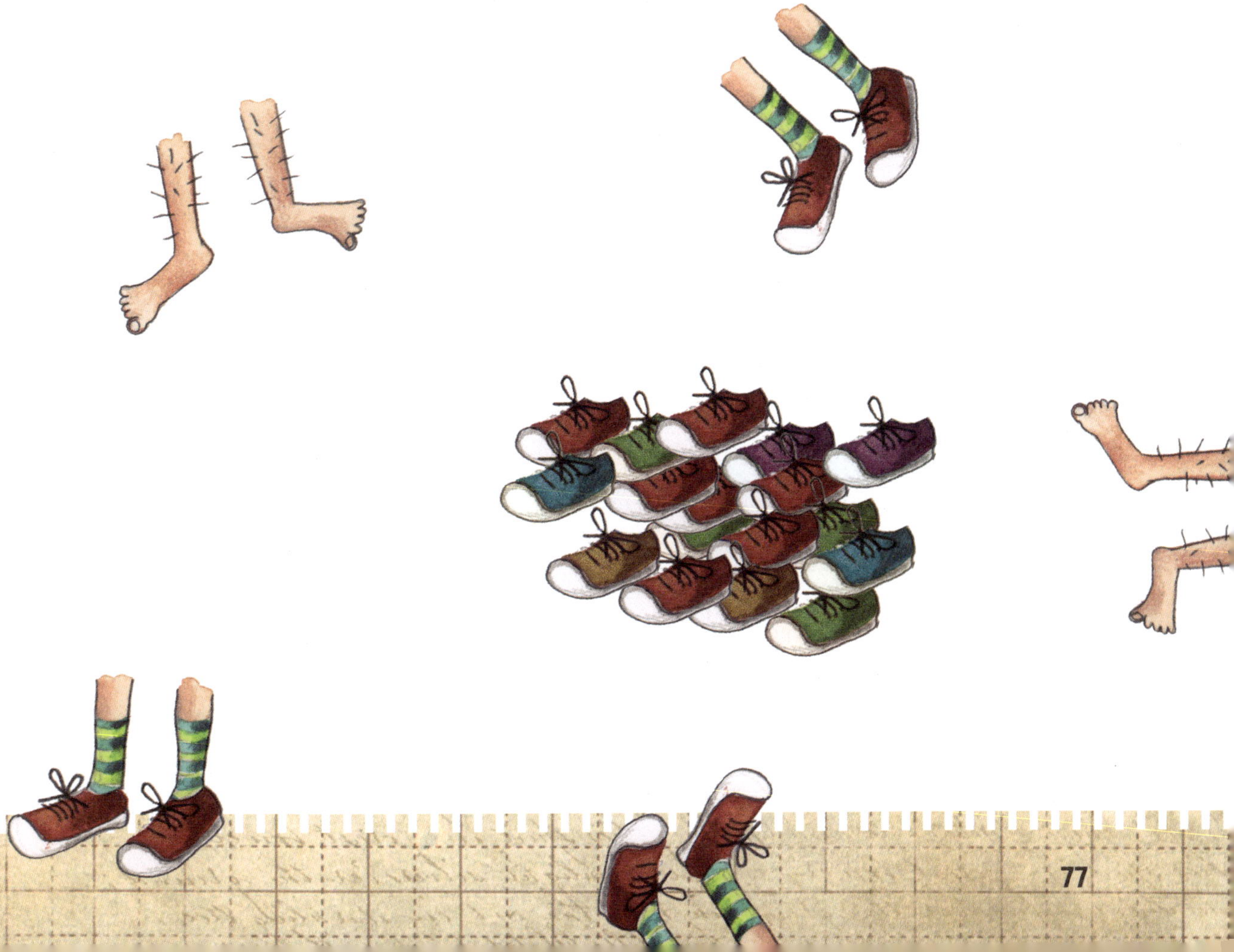

Ohrentankstellen

Partner- und Gruppenspiel ab 5 Jahre

Material: Gegenstände, die spezifische Geräusche erzeugen (z. B. Klanghölzer, Luftballons, Topfdeckel), Schuhkartons, Augenbinden

Spielbeschreibung: Die Geräuschutensilien befinden sich in getrennten Schuhkartons, die als Ohrentankstellen auf der Spielfläche verteilt platziert werden. Die Kinder gehen paarweise durch den Parcours, wobei eines die Augen verbunden hat und vom sehenden Kind von einer Ohrentankstelle zur nächsten geführt wird. Dieses muss die Geräusche aus dem Karton und/oder die Gegenstände bestimmen. Nach einem Durchgang wechseln die Kinder ihre Rolle.

Spieltipp

Wenn zusätzlich an einigen Stellen markante Umweltgeräusche wahrzunehmen sind, wie z. B. Vogelgezwitscher, Verkehrslärm, Radiomusik o. Ä., können sie ebenfalls benannt werden.

Autorinnenvita

Mechthild Wessel und Brigitte vom Wege unterrichteten beide an der Fachschule für Sozialpädagogik in Iserlohn. Sie führen spiel- und theaterpädagogische Fortbildungsveranstaltungen durch, außerdem sind sie Autorinnen zahlreicher Fachpublikationen.

Spielerisch Sprache und Körperwahrnehmung fördern

Diese Geschichten bringen Kinder in **Aktion**! Gemeinsam erleben sie Erzählungen von schleimigen Schnecken, verrückten Pferden, Schokoladenräubern und vielen mehr. Konkrete **Anleitungen zur Umsetzung** erleichtern die Durchführung mit den Kindern und lassen Raum für **Fantasie und Kreativität**. Die vielfältigen Geschichten stammen direkt aus den Lebenswelten der Kinder und fördern **Sprache, Körperwahrnehmung** sowie **soziale Kompetenzen**.

Petra Metzger
Lustige Mitmachgeschichten
für die Kita
80 Seiten | Spiralbindung
ISBN 978-3-451-37800-3

HERDER